Robin Lewis

Projektmanagement

GRIN - Verlag für akademische Texte

Der GRIN Verlag mit Sitz in München hat sich seit der Gründung im Jahr 1998 auf die Veröffentlichung akademischer Texte spezialisiert.

Die Verlagswebseite www.grin.com ist für Studenten, Hochschullehrer und andere Akademiker die ideale Plattform, ihre Fachtexte, Studienarbeiten, Abschlussarbeiten oder Dissertationen einem breiten Publikum zu präsentieren.

Dokument Nr. V11876 aus dem GRIN Verlagsprogramm

Robin Lewis

Projektmanagement

GRIN Verlag

Bibliografische Information der Deutschen Nationalbibliothek: Die Deutsche Bibliothek
verzeichnet diese Publikation in der Deutschen Nationalbibliografie; detaillierte bibliografische Daten sind im Internet über http://dnb.d-nb.de/ abrufbar.

1. Auflage 2002
Copyright © 2002 GRIN Verlag
http://www.grin.com/
Druck und Bindung: Books on Demand GmbH, Norderstedt Germany
ISBN 978-3-638-64213-2

Berufsakademie Stuttgart

Projektmanagement

Studienarbeit

vorgelegt am: 25.11.2002

Bereich: Wirtschaft

Fachrichtung: Wirtschaftsinformatik

Studienjahrgang: WWIG2000E

von:

Robin Lewis

Ausbildungsbetrieb:
PROTECH Software Consult AG

1 Einleitung

Im Rahmen meines vierten Praxissemesters habe ich mich intensiv mit dem Thema Projektarbeit beschäftigt.

Ungefähr 80% aller Aufträge, die derzeit von meinem Ausbildungsunternehmen, der PROTECH Consult AG, bearbeitet werden, sind in Projekten organisiert. Da die PROTECH, wie viele andere Firmen der Branche auch, begrenzte Kapazitäten hat, kommt es in der Praxis häufig vor, dass ein Mitarbeiter mehreren Projekten zugeteilt ist.

Um diesen Problemen zu begegnen wurde innerhalb der PROTECH, unter dem Namen PROTECH PROJECT, eine Anwendung zur Projektsteuerung entwickelt.

Ziel meiner Tätigkeit, während meiner Praxisphase, war es die Anwendung benutzerfreundlicher zu gestalten.

- Eingabehilfen sollten in Form von Eingabedialogen umgesetzt werden, mit deren Hilfe der Benutzer mit Basisdaten gefüllte Dokumente erstellen kann.
- Verschiedene Navigationshilfen sollten in Form verschiedener Schaltflächen, die es dem Benutzer ermöglichen sollen zwischen den verschiedenen Projektbausteinen hin und her zu springen, realisiert werden.

Diese Arbeit ist in einen theoretischen und einen praktischen Teil gegliedert. Der theoretische Teil befasst sich mit den Aufgaben des Projektmanagements, sowie dem Projektablauf. Im praktischen Teil möchte ich auf die Funktionen der Anwendung, sowie auf die Umsetzung der oben genannten Aufgaben eingehen.

Meine erste Aufgabe war es mich in die Funktionen der PROTECH PROJECT einzuarbeiten. Die Beschäftigung mit den Anforderungen an eine Anwendung zur Projektsteuerung, ermöglichte es mir die Funktionen der Software angemessen zu beurteilen.

Ich begann damit, indem ich mich anfangs mit den theoretischen Ansätzen der Projektarbeit befasste.

2 Theoretischer Teil

2.1 Einführung in das Thema Projektarbeit

Aufgrund der immer komplexer werdenden, oft zeitlich begrenzten Aufgabenstellungen und der immer kürzer werdenden Produktlebenszyklen hat die Bedeutung von Projektarbeit in den letzten Jahren permanent zugenommen.

Projektarbeit bietet heute die Möglichkeit

- Schnell und flexibel auf sich ergebende Chancen und Bedrohungen auf den Märkten zu reagieren.
- Abteilungsübergreifend Probleme zu lösen.
- Die Motivation der Mitarbeiter durch unkonventionelle Personalentwicklung zu erhöhen.

Unter dem Begriff Projekt versteht man:

„Ein Vorhaben, das im wesentlichen durch die Einmaligkeit der Bedingungen in ihrer Gesamtheit gekennzeichnet ist" [1]

Eine andere Definition lautet:

„Ein zeitlich begrenztes Vorhaben zur Erreichung eines vorher definierten Ziels" [2]

Das heisst ein Projekt wird gekennzeichnet durch:

- Einmalige fest definierte Zielvorgaben [3]
- Zeitliche, finanzielle und personelle Begrenzungen
- Abgrenzung gegenüber anderen Aufgaben im Unternehmen [4]
- Projektorganisation

Man unterscheidet Projekte nach ihren Einsatzgebieten. So gibt es :

- Forschungsprojekte
  Ziel bei Forschungsprojekten ist es, durch neue Entwicklungen, langfristig auf den verstärkten Wettbewerb zu reagieren.

---

[1] Zitat: Quelle Heinz Schelle „Projekte zum Erfolg führen"
[2] Zitat: Quelle Marc K. Peter „Internet Projekte"
[3] Quelle Heinz Schelle „Projekte zum Erfolg führen"
[4] Quelle Heinz Schelle „Projekte zum Erfolg führen"

- Entwicklungsprojekte

  Bei Entwicklungsprojekten steht die Entwicklung eines neuen Produkts im Vordergrund. Die Ziele sind klar definiert und es bestehen klare Vorgaben

- Rationalisierungsprojekte

  Bei Rationalisierungsprojekten sollen Organisationsformen und Abläufe effektiver gemacht werden. So werden z.b. bei einem Rationalisierungsprojekt nach einer Unternehmensfusion die Gesamtstruktur und die Abläufe reformiert und optimiert.

Begriffsdefinition:

- Projektmanagement bedeutet Projekte planen, kontrollieren und zum Erfolg führen.
- Ein Prozess beschreibt eine einzelne Phase innerhalb eines Projekts.
- Das Produkt ist das Ergebnis eines Projekts

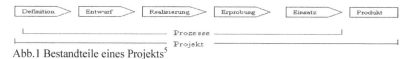

Abb.1 Bestandteile eines Projekts[5]

Der Ablauf eines Projekts gliedert sich in vier Abschnitte, die in den nachfolgenden Kapiteln näher erläutert werden.

- Projektdefinition
- Projektplanung
- Projektkontrolle
- Projektabschluss

Zunächst wird näher auf das Kapitel Projektdefinition eingegangen, da die Projektdefinition die Grundlage für die Durchführung eines Projektes darstellt.

---

[5] Quelle: Burghardt, Manfred, Projektmanagement

2.2 Projektdefinition

Die Projektdefinition findet vor dem eigentlichen Projektstart statt. Während dieser Phase werden alle Grundlagen für das Projekt festgelegt.

Die Projektdefinition gliedert sich in die Teilbereiche:

1. Festlegen der Rahmenbedingungen
2. Projektauftrag
3. Definition der Projektziele und der Anforderungen
4. Risikomanagement
5. Wirtschaftlichkeitsrechnung
6. Projektorganisation
7. Prozessorganisation

1. Festlegen der Rahmenbedingungen

In Gesprächen mit dem Auftraggeber werden die Rahmenbedingungen und Ausgangsfragen geklärt

Anschliessend wird ein Projektauftrag erstellt, dem eine umfassende Problemfeldanalyse zugrunde liegt. Mit Hilfe der Problemfeldanalyse werden grobe Werte zu den verschiedenen Einflussfaktoren wie z.B. Kosten oder Termine ermittelt.

2. Der Projektauftrag

Im Projektauftrag werden alle Eckdaten und Rahmenbedingungen des Projektes schriftlich definiert und von beiden Seiten bestätigt.

Er bildet die Grundlage für alle weiteren Massnahmen, die zur Durchführung des Projekts durchgeführt werden müssen.

3. Definition der Projektziele und der Anforderungen

Um Ziele definieren zu können, müssen zuerst die Anforderungen an das Produkt festgelegt werden. Unter Anforderungen versteht man: alle Erwartungen, die der Auftraggeber an das fertige Produkt hat. Dazu können gehören:

- Einsatzanforderungen an das Produkt und erwartete Funktionalitäten des Produkts
- Wartungsanforderungen an das Produkt

Unter dem Begriff Projektziel versteht man den Zustand, der am Ende eines Projekts erreicht werden soll.[6]

Ziele müssen präzise definiert werden. An der Definition der Ziele müssen Auftraggeber und Projektleitung, sowie Teile des Lenkungsausschusses teilnehmen, da es sonst schnell zu Missverständnissen und Zielkonflikten kommen kann.

Ziele innerhalb eines Projekts können oft widersprüchlicher Natur sein. So möchte der Auftraggeber z.B. ein Produkt mit sehr hoher Qualität zu sehr niedrigen Kosten.

4. Risikomanagement

Unter dem Begriff Risikomanagement versteht man:

„Alle Massnahmen, die verhindern, dass Risiken innerhalb eines Projekts zu Problemen werden".[7]

Risiken, die in vielen Projekten auftreten sind z.B.:

- Ständige, nicht im Projektauftrag enthaltene, Sonderwünsche von Seiten des Auftraggebers während des Projektverlaufs
- Qualitätsmängel
- Ständige Korrekturen wegen mangelhafter Entwürfe
- Jeder Projektmitarbeiter hat seine eigenen Vorstellungen, wie das Projekt am besten zum Erfolg führt

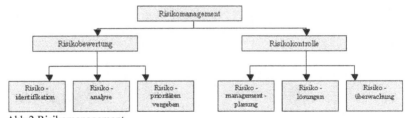

Abb.2 Risikomanagement

Zur Vorbeugung der typischen Projektrisiken ist es wichtig, mögliche Probleme frühzeitig zu erkennen, zu analysieren und zu minimieren.

---

[6] Quelle Heinz Schelle „Projekte zum Erfolg führen"
[7] Zitat: Quelle: Prof. Dr. J. Schwille, Skript Projektmanagement

5. Wirtschaftlichkeitsrechnung

Die Wirtschaftlichkeitsrechnung innerhalb eines Projekts ist notwendig um vorab herauszufinden, ob die Durchführung des Projekts rentabel ist. Ist der Nutzen grösser als die Kosten, ist das Projekt als rentabel einzustufen. Übersteigen die Kosten von Anfang an das Budget des Projekts muss über eine Überarbeitung der Kostenstruktur, oder eine Erhöhung des Budgets nachgedacht werden.

6. Projektorganisation

Die Projektorganisation unterscheidet sich von der herkömmlichen Linienorganisation.

- Da Projekte zeitlich begrenzt sind, ändert sich, je nach Anforderung und Auslastung, die Zusammensetzung der Teams. [8]
- Die einzelnen Projektteams können ideal auf die gestellten Anforderungen zugeschnitten werden und dadurch flexibel agieren.
- Bei der Linienorganisation liegt die fachliche und disziplinarische Führung oft bei einem Vorgesetzten, während bei der Projektorganisation die Mitarbeiter aus allen Abteilungen „entliehen" werden. Dadurch werden die Verantwortlichkeiten der Vorgesetzten aufgeteilt. Während der Projektleiter die fachliche Führung übernimmt, obliegt die disziplinarische Führung in den meisten Fällen nach wie vor dem Abteilungsleiter. Dies führt häufig zu Zuständigkeitskonflikten. [9]

Bevor ein Projekt geplant und durchgeführt werden kann, muss zunächst ein Projektteam gebildet werden.

Ein Projektteam besteht üblicherweise aus:

- mindestens einem Projektleiter, der an ein übergeordnetes Gremium berichtet, den sogenannten Lenkungsausschuss.
  Der Lenkungsausschuss unterstützt den Projektleiter bei der strategischen Planung, der Steuerung und der Kontrolle des Projekts.
- Den Mitarbeitern des Projektteams, die aus allen Abteilungen eines Unternehmens oder von ausserhalb des Unternehmens, gemäss den Anforderungen des Projekts ausgewählt werden.

---

[8] Quelle Heinz Schelle „Projekte zum Erfolg führen"
[9] Quelle: Prof. Dr. J. Schwille, Skript Projektmanagement

Bei der Planung des Projekts orientieren sich Projektleitung und Lenkungsausschuss an verschiedenen Einflussfaktoren, sowie an Erfahrungen aus früheren Projekten. Die wichtigsten Einflussfaktoren werden durch das magische Dreieck (Abb.3) dargestellt.

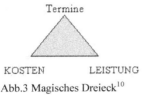

Abb.3 Magisches Dreieck[10]

8. Prozessorganisation
(s.a. Kapitel 2.3 Projektstrukturplanung)

Die Prozessorganisation unterteilt das Projekt in folgende Einheiten:

- Projektphasen:
  Unter Projektphasen versteht man die Aufteilung des Gesamtprojekts in einzelne Entwicklungsabschnitte
- Arbeitspakete:
  Unter Arbeitspaketen versteht man die Stückelung der Gesamtaufgabe des Projekts in mehrere Teilaufgaben.
- Meilensteine:
  Meilensteine sind Zeitpunkte innerhalb des Projekts zu dem schriftlich vordefinierte Ergebnisse vorliegen müssen. In der Regel werden Meilensteine am Ende jeder Projektphase gesetzt. Man unterscheidet interne und externe Meilensteine
  - Interne Meilensteine:
    werden zusätzlich vom Projektleiter eingeplant und dienen zur Orientierung innerhalb der einzelnen Projektphasen.
  - Externe Meilensteine:
    Der Auftraggeber entscheidet darüber, ob die Ergebnisse ausreichen, um zur nächsten Projektphase überzugehen

---

[10] Grafik: Quelle: Prof. Dr. J. Schwille, Skript Projektmanagement

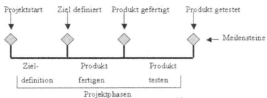

Abb.4 Projektphasen und Meilensteine[11]

Nachdem die Definition des Projekts abgeschlossen ist, beginnt die Planungsphase. Die Projektplanung baut direkt auf den, während der Projektdefinition ermittelten Ergebnissen auf.

2.3 Projektplanung

Die Projektplanung befasst sich vor dem Start des Projekts damit eine Projektstruktur aufzubauen, sowie damit Projektpläne zu erstellen. Diese Vorgaben bilden eine Leitlinie während der Durchführung des Projekts und dienen als Grundlage für eine sachgemässe Kontrolle des Projekts.

Die Projektstruktur lässt sich in zwei Teilbereiche unterteilen:

- Die Produktstrukturplanung umfasst den technischen Aufbau des Produktes, dass durch das Projekt geschaffen werden soll.

- Die Projektstrukturplanung beschäftigt sich mit der Unterteilung des Projekts in sinnvolle Entwicklungsabschnitte, den sogenannten Projektphasen. Innerhalb jeder Phase werden die Aufgaben nochmals in einzelne Arbeitspakete zerlegt

Die Daten aus der Projektstrukturplanung und der Produktstrukturplanung werden in einem Projektstrukturplan festgehalten. Der Projektstrukturplan bildet die Struktur des Projekts ab. Er bildet die Grundlage für die Verteilung der Aufgaben und Verantwortlichkeiten im Projekt.

Der Projektplan dient als Basis für die Planung des Projekts, sowie als Orientierungshilfe während der Durchführung des Projekts. Er setzt sich aus verschiedenen Teilplänen zusammen.

Diese Teilpläne enthalten wiederum Daten bezüglich der zu erwartenden Kosten, der Projektdauer und der benötigten Einsatzmittel.

Diese Daten werden durch folgende Punkte in verschiedenen Verfahren ermittelt:

---

[11] Grafik: Quelle: Heinz Schelle, Projekte zum Erfolg führen

1. Aufwandsschätzungen
2. Terminplanung
3. Kostenplanung
4. Einsatzmittelplanung

1. Verfahren zur Aufwandschätzung

Die Aufwandsschätzung vor Beginn eines Projekts dient dazu, sicherzustellen, dass das Projekt mit dem zur Verfügung stehenden Budget, und den zur Verfügung stehenden Mitteln durchgeführt werden kann.

Es gibt verschiedene Verfahren zur Aufwandsschätzung.

Man unterscheidet nach:

- Algorithmischen Methoden

  Aufwände und andere Grössen werden durch mathematische Verfahren berechnet. Als Ausgangsgrössen werden die Einflussparameter des Projekts verwendet.

  Beispiele für algorithmischen Methoden:

  Function Project Methode, Constructive Cost Methode (COCOMO)

- Vergleichsmethoden

  Vergleich der Ist Situation mit Erfahrungswerten aus ähnlichen Situationen

- Kennzahlenmethoden

  Den Einflussparametern werden unterschiedlich gewichtete Kennzahlen zugeordnet. Anschliessend wird dann, je nach Verteilung der Aufwand geschätzt.

2. Verfahren zur Terminplanung

Die Planung, Überwachung und Steuerung von Terminen in Projekten hat eine hohe Bedeutung. Besonders wichtig ist die frühe Warnung vor drohenden Terminüberschreitungen.

In diesem Zusammenhang gilt der Satz:

„Man kann nicht verhindern, was noch nicht passiert ist. Man kann jedoch die Eintrittswahrscheinlichkeit minimieren."[12]

Durch Verspätungen in einer Projektphase können alle anderen Phasen ebenfalls verzögert werden. Dadurch wird das Projektende nach hinten verlegt, was zu einem Anstieg der Kosten und zu Problemen mit dem Auftraggeber führen kann.

Es gibt verschiedene Verfahren zur Terminplanung:

---

[12] Zitat: Quelle: Heinz Schelle, Projekte zum Erfolg führen

- Terminlisten

  Die Terminliste ist ein einfaches Instrument zur Terminplanung.
  Sie enthält die Liste aller Arbeitspakete, sowie die Endetermine für jedes Arbeitspaket.
  Zusätzlich enthält sie noch eine Liste Meilensteine.

- Balkendiagramme

  Durch ein Balkendiagramm werden alle Termine innerhalb des Projekts grafisch
  dargestellt. Jeder Balken des Diagramms steht für ein Arbeitspaket. Das Diagramm
  enthält den Start- und Endetermin jedes Arbeitspakets, sowie dessen Dauer. Je nach
  Dauer sind die Balken unterschiedlich lang. Das Balkendiagramm enthält wie die
  Terminliste auch Darstellungen der Meilensteine

- CPM-Netzplantechnik (Critical path method Netzplantechnik)

  In einem Netzplan werden die verschiedenen Arbeitspakete grafisch miteinander
  vernetzt. Netzplantechnik hat sich in der Praxis vielfach bewährt. Mit dieser Technik
  kann man:

  - Realistische End- und Zwischentermine ermitteln
  - Zeitpuffer zwischen den einzelnen Arbeitspaketen schaffen
  - Rechtzeitig drohende Terminverschiebungen erkennen und
  - Komplizierte Abhängigkeiten im Projektverlauf darstellen[13]
  - Den kritischen Pfad ermitteln: der kritische Pfad gilt als Schwachstelle
    des Projekts, auf die ein besonderes Augenmerk gerichtet werden
    sollte.

Die Termine, auf die sich der kritische Pfad bezieht, sind stärker als die übrigen
Termine relevant für den Erfolg des Projekts. Verzögerungen dieser Termine
verschieben den gesamten Projektverlauf.
Netzplantechnik zwingt die Projektleitung besonders in der Planungsphase zum
genauen Durchdenken des Projektablaufs. Netzplantechnik dient somit als
Koordinations- und Kommunikationsinstrument. [14]

3. Kostenplanung

Die Vorkalkulation der Kosten erfolgt anhand der zuvor festgelegten Projektstruktur.
Während des laufenden Projekts werden Mitkalkulationen, und am Ende des Projekts eine

---

[13] Quelle: Heinz Schelle, Projekte zum Erfolg führen
[14] Quelle: Prof. Dr. J. Schwille, Skript Projektmanagement

Nachkalkulation, durchgeführt. Kalkuliert wird mit den Zahlen aus der Aufwandsschätzung.

Phasenspezifische Kosten					
Projektphasen/Tätigkeit	Definition	Entwurf	Entwicklung	und Test	Abschluss
Phase 1					
Phase 2					
Phase 3					

Projektübergreifende Kosten
Kosten für Projektmanagement
Kosten für externe Berater

Nicht projektspezifische Kosten
Allgemeine Verwaltung
Kosten für Entwicklungswerkzeuge

Risikozuschläge

Selbstkosten

Abb.5 Kostenplanungsschema[15]

4. Einsatzmittelplanung

Die richtige Planung der Einsatzmittel ist von elementarer Bedeutung für das Gelingen eines Projekts. In den meisten Projekten stellen entweder

- Personal
- Material

oder beides die wichtigsten Einsatzmittel dar.

Den einzelnen Arbeitspaketen innerhalb des Projekts können die Einsatzmittel, die für ihre Durchführung nötig sind, zugeordnet werden. Durch die Planung der Termine für die einzelnen Arbeitspakete ergibt sich die Zuordnung der Einsatzmittel zu den einzelnen Arbeitspaketen. Dadurch lässt sich die zeitliche Verteilung des Einsatzmittelbedarfs planen.

Bei der Personaleinsatzplanung ist verstärkt auf die Auslastung der einzelnen Arbeitskraft zu achten. Ist der Mitarbeiter beispielsweise mehreren Projekten zugeteilt, muss darauf geachtet werden, dass es keine Überschneidungen gibt, oder der Mitarbeiter überlastet wird.

---

[15] Grafik: Quelle: Prof. Dr. J. Schwille, Skript Projektmanagement

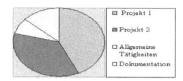

Abb.6 Auslastung eines Projektmitarbeiters

Nach Abschluss der Projektplanung beginnt das Projekt mit der ersten Phase. Jede Projektphase bis zum Projektabschluss unterliegt der Projektkontrolle.

2.4 Projektkontrolle

Nachdem ein Projekt angelaufen ist, werden die im Projektstrukturplan definierten Phasen bis zum Projektabschluss durchlaufen. Aufgabe der Projektkontrolle ist es :

den geplanten Ablauf der Projektphasen zu

- steuern
- zu kontrollieren
- zu dokumentieren.

Die Kontrolle des Projekts wird unterstützt durch:

- Die Ergebnisse guter Projektplanung
- Umfassender Definition des Projekts

Im Rahmen der Projektkontrolle wird Augenmerk auf verschiedene Schwerpunkte gelegt:

1. Plan-Ist Vergleich
2. Qualitätssicherung
3. Dokumentation zur Erfahrungssicherung
4. Berichterstattung in Form von Projektberichten

1.) Der Plan – Ist Vergleich

Der Ist Zustand wird ständig mit den Daten aus dem Projektplan verglichen. Die Daten müssen abgeglichen werden im Bezug auf:

- Termineinhaltung
- Kosteneinhaltung
- Leistungsstand anhand von Tests an Prototypen
- Sachfortschrittskontrolle

Der ständige Abgleich ist wichtig, da sich Abweichungen normalerweise längerfristig abzeichnen. Durch ständige Kontrolle können Planabweichungen durch angemessene Gegenmassnahmen verhindert oder minimiert werden.

In regelmässigen Abständen werden Kostenkalkulationen durchgeführt, um einen ständig aktuellen Kostenstand zu gewährleisten.

Im Rahmen der Sachfortschrittskontrolle muss sichergestellt werden, ob die Leistungen, die bis zu einem bestimmten Zeitpunkt erreicht werden sollten, auch erreicht wurden. Die Sachfortschrittskontrolle orientiert sich stark an den definierten Meilensteinen.

2.) Qualitätssicherung

Aufgabe der Qualitätssicherung ist es, die Produkt- und Arbeitsqualität über den gesamten Entwicklungszeitraum zu sichern. Unter Qualität versteht man:

„Beschaffenheit einer Einheit bezüglich ihrer Eignung, festgelegte und vorausgesetzte Erfordernisse zu erfüllen"[16]

Sie wird normalerweise in Form ständiger Tests an unfertigen Erzeugnissen oder Prototypen durchgeführt. Die Qualität der geleisteten Arbeit muss nachvollziehbar sein. Dies ist insbesondere wichtig um die Qualität des Endprodukts zu sichern.

3.) Dokumentation

Die Dokumentation eines Projektes stellt einen wichtigen Bestandteil der Projektarbeit dar. Über die Dokumentation werden

- Wichtige Daten zur Auswertung festgehalten, die für Folgeprojekte von Bedeutung sein könnten. Dadurch können für die Zukunft Zeit gespart und Fehler vermieden werden.

- Die Projektberichterstattung an den Lenkungsausschuss und den Auftraggeber sichergestellt. Der aktuelle Stand des Projektes ist für alle Beteiligten immer in schriftlicher Form verfügbar

4.) Die Projektberichterstattung

Die aus dem Plan – Ist Vergleich gewonnen Daten werden im Zuge der Projektdokumentation schriftlich erfasst und zu fest vorgegebenen Zeitpunkten in Form eines Projektberichtes an alle Beteiligten weitergeleitet.

---

[16] Quelle: Prof. Dr. J. Schwille, Skript Projektmanagement

Adressaten des Projektberichts sind:

- Der Auftraggeber
- Der Lenkungsausschuss
- Die Unternehmensleitung
- Subunternehmer
- Gegebenenfalls die verschiedenen Bereichsleiter

Das Projekt wird über alle Projektphasen hinweg mit den Kontrollwerkzeugen überwacht. Nach Durchlaufen der letzten Phase wird das Projekt zum Abschluss gebracht.

2.5 Projektabschluss

Am Ende eines Projekts, nach erfolgreichem Durchlaufen aller Projektphasen, kommt es üblicherweise zur Abnahme des Produkts durch den Kunden und zu einem Rückblick auf das Projekt in Form einer Projektabschlussanalyse.

Nach Übergabe des Produktes an den Kunden wird das Produkt seitens des Kunden begutachtet und getestet. Gemeinsam wird ein Produktabnahmebericht erstellt. Anschliessend erfolgt die Projektauflösung.

Intern wird nach der Projektauflösung die Projektabschlussanalyse durchgeführt. Sie umfasst:

- Eine umfassende Nachkalkulation um die letztendlichen Kosten des Projekts zu ermitteln.
- Eine Abweichungsanalyse, die feststellen soll wie weit, während des Projekts, vom Projektplan abgewichen wurde, und warum dies geschah ist.
- Eine Wirtschaftlichkeitsanalyse, die zum Ziel hat bei zukünftigen Projekten die anfängliche Wirtschaftlichkeitsbetrachtung zu verbessern.

Nachdem in den vorangegangenen Kapiteln der theoretische Projektablauf näher erläutert wurde, soll nun in den nachfolgenden Kapiteln der Bezug zur Praxis hergestellt werden.

15

3 Praktischer Teil

3.1 Übersicht

Dieser praktischen Teil soll die theoretischen Ansätze zum Thema Projektarbeit mit Anwendungsfällen aus der Praxis verknüpfen.

Da die Projektsteuerungsanwendung der PROTECH, die PROTECH Project, auf Basis der IBM Software Lotus Notes realisiert wurde, möchte ich zunächst näher auf die benutzten Entwicklungswerkzeuge eingehen.

3.2 Erklärung der benutzten Hilfsmittel

Lotus Notes ist eine universell einsetzbare, Groupware[17]- Plattform.

Notes ist insbesondere, neben seinen Funktionen als dokumentenorientiertes Datenbank – und als Mailsystem, dazu geeignet Workflow[18] Anwendungen zu erstellen.

Lotus Notes stellt eine umfassende Entwicklungsumgebung bereit, welche die Erstellung leistungsfähiger Anwendungen weitgehend unterstützt. Im Folgenden werden die wichtigsten Entwicklungswerkzeuge von Lotus Notes kurz erläutert.

- Die Makrosprache

  besteht aus, auf der Programmiersprache „C" basierenden, Funktionen. Sie stellt Entwicklern unkomplizierte und leistungsfähige Kommandos zur Verfügung.

- Lotus Skript

  ist eine plattformübergreifende, objektangelehnte Programmiersprache mit weitgehender Ähnlichkeit zu Microsoft's Visual Basic for Applications (VBA).

- Eine Skriptbibliothek

  besteht aus einer oder mehreren Funktionalitäten, die mit Hilfe von Lotus Skript entwickelt werden. Skriptbibliotheken werden in Datenbanken eingebunden und stellen ihre Funktionalitäten über Funktionsaufrufe zur Verfügung.

- Agenten

  sind Unterroutinen, die in Makro oder Lotus Skript programmiert werden. Sie können von verschiedenen Stellen in einer Anwendung gestartet werden, z.B. von Schaltflächen aus. Ausserdem können Agenten auch periodisch, z.B. täglich um 16:00 Uhr, laufen.

---

[17] Groupware: Anwendungen die Mehrbenutzerbetrieb, also Gruppenarbeit erlauben
[18] Workflow: Aufeinander folgende Arbeitsabläufe. Z.B. Urlaubsanträge, Krankmeldungen

16

Grafische Oberflächen zur Kommunikation mit dem Anwender werden über die Gestaltungselemente von Lotus Notes erzeugt:

- Masken

  werden dazu benutzt, um dem Benutzer ein Dokument aus einer Datenbank anzuzeigen, oder um neue Dokumente in einer Datenbank zu erstellen.

- Ansichten und Ordner

  ermöglichen es Dokumente, sortiert nach bestimmten Kriterien, anzusehen.

- Navigatoren

  in Notes sind grafische Elemente, die dem Anwender ein einfaches Navigieren ermöglichen.

Die Anwendung PROTECH Project wurde vollständig unter Lotus Notes entwickelt. Die Funktionsweise dieser Datenbankanwendung wird im folgenden Kapitel näher erläutert.

3.3 Beschreibung der Notes Datenbank zur Projektsteuerung

Zunächst ein Überblick über die Funktionen der Projektsteuerungsanwendung PROTECH Project.

Die Inhalte und Zielsetzung der PROTECH Project können zusammengefasst werden unter:

- Erstellung von Pflichtenheften für ein oder mehrere Projekte oder Teilprojekte.

- Projektplanung durch das Erstellen von Dokumenten für jede Projektphase. Diese Dokumente können wiederum ein oder mehrere Unterdokumente besitzen, welche die einzelnen Arbeitspakete darstellen. Für jede Projektphase können Meilensteine definiert werden.

- Erstellung von Aufträgen (Arbeitspakete) innerhalb der einzelnen Projektphasen.

- Dokumentieren von offenen Punkten und Anfragen (Projektkoordination kann dadurch auch ohne Projektmeetings durchgeführt werden).

- Zusammenfassung und Abnahme von Aufträgen.

- Automatische Zusammenstellung von Statusberichten zu jedem Meilenstein.

- Erfassung von Projektprotokollen zu Dokumentationszwecken.

17

Ablauf beim Anlegen eines neuen Projekts

Projektstruktur anlegen

Um das Gerüst für ein neues Teilprojekt anzulegen, muss im Navigator über den Menüpunkt

Projektleitung in die gleichnamige Ansicht gewechselt werden. Danach muss in der

Aktionsleiste die Schaltfläche **Projektvorlage** betätigt werden

Das anschliessend angelegte Gerüst enthält alle Standardpunkte, die ein Projekt zur
Durchführung benötigt.

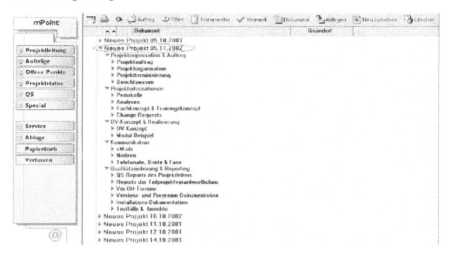

Abb.7 Anlegen eines neuen Projekts mit Projektvorlagen in der PROTECH Project

Das Gerüst enthält Musterdokumente, um die Struktur des Projektes darzustellen. Die
Dokumente sind zunächst leer. Die Dokumente können vom Benutzer gefüllt, oder aber
gelöscht werden für den Fall, dass sie im aktuellen Projekt nicht benötigt werden.

Sobald ein Dokument in einer der Kategorien freigegeben wurde, kann zu diesem Dokument
ein Programmier-, Konzeptions- oder Dokumentationsauftrag erzeugt werden. Dazu muss ein
Dokument in einer Ansicht selektiert oder geöffnet werden. Anschliessend kann über die

Schaltfläche **Auftrag** . Ein Auftragsdokument erzeugt werden.

18

Ein Auftrag ist immer einem Dokument zugeordnet und kann daher nur angelegt werden, wenn ein Dokument selektiert wurde.

Nach dieser Einführung in die Funktionen der PROTECH Project, wird im nächsten Kapitel das Teilprojekt zur Verbesserung der Benutzerfreundlichkeit der Anwendung vorgestellt.

3.4 Definition des Teilprojekts

Der Gegenstand des Teilprojekts ist die Entwicklung einer Eingabehilfe für die Projektsteuerungsanwendung der PROTECH Consult AG.

Für die Erstellung neuer Programmieraufträge in der Anwendung soll ein Werkzeug erstellt werden, das es dem Benutzer erleichtern soll Aufträge auszufüllen und anzulegen.

Es ist vorgesehen, dass bei der Auftragserstellung im Hintergrund zwei weitere Aufträge, der eine zur Qualitätssicherung, der andere zur Dokumentation, erstellt werden. Beide Aufträge sollen über das Auftragsdokument referenzierbar sein.

3.4.1 Vorgaben

- Der Benutzer soll beim Betätigen der Schaltfläche ⌐ Auftrag in allen Ansichten die Möglichkeit haben in einem Dialog auszuwählen, ob er einen Programmierauftrag, oder einen sonstigen Auftrag anlegen möchte. Wählt er „Programmierauftrag" aus, soll sich das Eingabehilfefenster öffnen, wählt er „sonstiger Auftrag" aus, soll wie bisher ein neuer Auftrag erstellt werden. Nachdem alle Eingaben getätigt wurden, sollen der Programmierauftrag, und der zugehörige Qualitätssicherungs- und Dokumentationsauftrag zur weiteren Bearbeitung geöffnet werden.

  Die Eingabehilfe soll alle Basisdaten abdecken, die in allen drei Aufträgen benötigt werden.

  In den Qualitätssicherungsaufträgen soll sichergestellt werden, dass der zuständige Bearbeiter nicht dieselbe Person wie der Auftragnehmer im Programmier- oder Dokumentationsauftrag sein darf

- Ein weiterer Punkt der Aufgabenstellung innerhalb des Teilprojekts war es,

  - in eigener Überlegung, Vorschläge für sinnvolle Erweiterungen an der PROTECH Project in Verbindung mit der Eingabehilfe zu machen.

19

- Des weiteren sollten alle diese Erweiterungen kritisch im Bezug auf Machbarkeit, Nutzen und Zeitaufwand betrachtet werden.

3.4.2 Erläuterung der Vorgaben

Sobald ein neuer Programmierauftrag erzeugt und bearbeitet wird, muss sichergestellt werden, dass die Entwicklertätigkeit auftragsbezogen dokumentiert wird. Dies ist für die spätere Nachvollziehbarkeit und für die parallele Erstellung von Benutzerhandbüchern relevant.

Die Erstellung eines Qualitätssicherungsauftrags ist wichtig, da auf diese Art für jeden Auftrag sichergestellt wird, dass er nach Abschluss von einem Dritten überprüft wird.

Des weiteren darf die Person, welche den Programmierauftrag und den Dokumentationsauftrag durchführt nicht diejenige Person sein, die für beide Aufträge auch die abschliessende Qualitätssicherung durchführt. Die Qualitätssicherung sollte immer von einer neutralen Stelle – etwa einem Qualitätsbeauftragten- durchgeführt werden.

Zu den Vorgaben des Teilprojekts sollten mehrere Lösungsansätze entwickelt werden, von denen der Beste umgesetzt werden sollte.

3.5 Lösungsansatz

3.5.1 Teilprojekt 1: Eingabehilfe

- Variante 1:

  Erstellung eines einfachen Eingabedialogs, der lediglich die, für das Auftragsdokument benötigten, Basisdaten abholt, und auf die drei erstellten Dokumente verteilt.

- Variante 2:

  Erweiterte Eingabehilfe, die nicht nur Basisdaten abholt, sondern dem Benutzer die Möglichkeit gibt den Programmierauftrag möglichst komfortabel, beispielsweise über Auswahlschaltflächen, zu füllen

  In dieser Variante sollen noch Felder eingefügt werden, auf denen der Benutzer die Möglichkeit hat spezifische Angaben speziell zur Qualitätssicherung und zur Dokumentation zu machen. Der Inhalt dieser Felder würde dann am Ende automatisch dem jeweiligen Qualitätssicherungs- oder Dokumentationsauftrag zugewiesen.

20

3.5.2 Teilprojekt 2: Erweiterungen

- Erweiterungsvorschlag 1:

  Ansichten zur ausschliesslichen Darstellung der Qualitätssicherungs –und
  Dokumentationsaufträge inklusive der dazugehörigen Programmieraufträge. Dabei ist
  für jede Auftragsart eine Ansicht mit umsortierbaren Spalten vorgesehen

  Hintergrund:

  Der Benutzer hat auf diesem Weg die Möglichkeit sich schnell einen Überblick über
  alle QS –bzw. Dokumentationsaufträge, und den zugehörigen Programmieraufträgen
  zu machen.

- Erweiterungsvorschlag :2

  In den Programmierauftrag können Schaltflächen eingebaut werden, mit deren Hilfe
  die zugehörigen Qualitässicherungs –und Dokumentationsaufträge geöffnet werden
  könnten.

  Hintergrund:

  Mit Hilfe dieser Option hat der Mitarbeiter die Möglichkeit schnell aus dem
  Programmierauftrag Zugriff auf die zugehörigen QS –bzw. Dokumentationsaufträge
  zu bekommen.

3.5.3 Empfehlung

Aus ökonomischer und praktischer Sicht, wurde folgendes Vorgehen gewählt:

Bei Teilprojekt 1 erscheint die 1.Variante ökonomischer und wird deshalb empfohlen.

Des weiteren werden mit jedem Programmierauftrag Qualitätssicherungs– und
Dokumentationsaufträge erstellt. Ausserdem muss sichergestellt werden, dass der Bearbeiter
bei Qualitätssicherung- und Programmierung nicht derselbe ist.

Im Teilprojekt 2 wurde der 2. Erweiterungsvorschlag ausgewählt: Die Schaltfläche, die es
dem Benutzer ermöglicht vom Programmierauftrag aus automatisch den zugehörigen
Qualitätssicherungs- oder Dokumentationsauftrag zu öffnen.

Nach der Auswahl der zu entwickelnden Komponenten wurde mit der Umsetzung der
Lösungsansätze begonnen.

21

3.6 Umsetzung

3.6.1 Teilprojekt 1: Erzeugen neuer Aufträge

In allen Ansichten der PROTECH Project befindet sich die Schaltfläche ▭Auftrag . Wie im Kapitel 2.3 schon erwähnt, dient diese Schaltfläche dazu neue Aufträge zu erzeugen.

Dem Benutzer sollte mit der neuen Lösung die Möglichkeit eingeräumt werden, sich bei Betätigen der Schaltfläche, für die Erstellung entweder eines Programmierauftrags oder eines sonstigen Auftrags zu entscheiden. Aus diesem Grund mussten die ersten Änderungen an dieser Schaltfläche vorgenommen werden.

Der Makrocode, der bisher hinter der Schaltfläche lag wurde angepasst. Anstatt wie seither bei Betätigen der Schaltfläche ein neues Dokument mit der Maske „Auftrag" zu öffnen, öffnet sich jetzt eine Auswahlbox.

Abb.8 Auswahldialog

Nach Auswahl der Option „Programmierauftrag" wird ein Agent aufgerufen. Dieser Agent wiederum ruft die Funktion „doNewOrder"(Abb. s. Anhang) aus der Skriptbibliothek „SBMVSPROGRAMMIERAUFTRAG[19]" auf.

Ein Auftrag darf nur dann erstellt werden, wenn vorher ein übergeordnetes Dokument ausgewählt wurde. Der Auftrag wird als Antwortdokument[20] zu diesem Dokument erstellt. Nachdem ein Dokument zur Beantwortung ausgewählt wurde, erzeugt die Funktion „doNewOrder" im Hintergrund ein neues Auftragsdokument für den Programmierauftrag. Im Anschluss wird der Eingabedialog geöffnet (s. Abb.9).

---

[19] Skriptbibliothek MAVOS Programmierauftrag
[20] Ein Antwortdokument ist mit einem übergeordneten Dokument verknüpft. Beide Dokumente sind untereinander referenzierbar.

Abb.9 Eingabedialog

Der Eingabedialog enthält ein zusätzliches Feld „Verantwortlicher QS" in welchem nicht

derselbe Wert stehen darf wie im Feld „Verantwortlicher". So wird sichergestellt, dass der

Verantwortliche für die Qualitätssicherung immer eine andere Person ist, als der

Verantwortliche für Programmierung und Dokumentation.

Bei Abbruch des Dialogs kommt eine Meldung, die besagt, dass kein Auftrag erstellt wurde.

Bei Bestätigung des Dialogs werden alle Eingabewerte auf das neue Dokument übernommen.

Im nächsten Schritt werden zwei neue Dokumente erzeugt, die zunächst alle Felder und Werte

von dem ersten Dokument übernehmen. Beide Dokumente werden Antwortdokumente des

ersten Dokuments. Anschliessend werden die beiden neuen Dokumente angepasst. Dem

Beschreibungsfeld wird bei beiden Dokumenten ein Zusatz hinzugefügt, der sie eindeutig als

Qualitätssicherungs- bzw. Dokumentationsauftrag identifiziert. Bei Qualitätssicherungs-

aufträgen wird das Feld „Verantwortlich" mit dem Wert aus „Verantwortlich QS" gefüllt.

3.6.2 Teilprojekt 2: Anzeigen zugehöriger Dokumente

Das Ziel dieser Aufgabe war es, eine Schaltfläche zu schaffen, die nach dem Betätigen alle,

zu dem aktuellen Programmierauftrag erstellten, Antwortdokumente in einer Auswahlbox

anzeigt.

Nach Betätigen der Schaltfläche wird die Funktion „displayResponseDocs"(Abb. s. Anhang)

aus der Skriptbibliothek „SBMVSPROGRAMMIERAUFTRAG" aufgerufen.

Diese Funktion bekommt als Übergabeparameter das aktuelle Programmierauftragsdokument

übergeben. Sie ruft ihrerseits die Funktion „GetResponseDocs"(Abb. s. Anhang) auf, der sie

ebenfalls das aktuelle Dokument übergibt.. Die Funktion „GetResponseDocs" ist eine

rekursive Funktion[21]. Zu dem übergebenen Dokument werden alle Antwortdokumente gesucht. Anschliessend wird es in einem Array gespeichert.

Die gefundenen Antwortdokumente werden in einer Schleife, eines nach dem anderen, in Zugriff genommen. Für das Dokument, dass sich im Schleifenkörper aktuell im Zugriff befindet wird die Funktion "GetResponseDocs" aufgerufen.

Sobald ein Dokument keine Antwortdokumente mehr besitzt endet die Funktion und gibt einen alphanumerischen Array mit den Namen und der jeweiligen Universal ID[22], aller gefundenen Dokumente zurück.

Die Funktion „displayResponseDocs" bekommt von der Funktion „GetResponseDocs" einen Array mit den Namen und Universal ID's aller gefundenen Antwort- und Antwort auf Antwort Dokumente geliefert.

Der Inhalt dieses Arrays wird in einer Auswahldialogbox aufgerufen. In der Dialogbox werden nur die Namen der Dokumente angezeigt. Dies wird ermöglicht indem der Anzeigenbereich der Dialogbox auf eine bestimmte Anzahl Zeichen reduziert wird.

Abb.10 Auswahldialogbox: Programmierauftrag mit Qualitätssicherungs- und Dokumentationsauftrag

Nachdem der Benutzer ein Dokument ausgewählt hat, liefert die Dialogbox die Universal ID dieses Dokuments zurück. Anschliessend wird das Dokument in Zugriff geholt und dem Benutzer auf dem Bildschirm geöffnet.

Beide Teilaufgaben wurden nach Abschluss der Entwicklung von mir getestet. Anschliessend wurden sie nach Kontrolle durch den Qualitätssicherungsbeauftragten geprüft und freigegeben.

---

[21] Rekursive Funktionen sind Programme, die sich bis zum Erreichen eines bestimmten Endekriteriums selber aufrufen.

[22] Die Universal ID ist eine 32– stellige Nummer, die für jedes Dokument unter Lotus Notes einmalig ist.

4 Fazit

Projektarbeit ist für viele Anforderungen der heutigen Zeit besser geeignet wie traditionelle Organisationsformen. Projektarbeit bietet viele Chancen durch die hohe Flexibilität der Teams in allen Bereichen. Man darf in diesem Zusammenhang allerdings nicht übersehen, dass Projektarbeit auch nicht der „Stein der Weisen" ist.

Noch heute scheitern sehr viele Projekte in allen Bereichen an Problemen wie:

- Zeitüberschreitung
- Budgetüberschreitung
- Mangelhafte Leistung
- Überlastung der Mitarbeiter

Meiner Meinung nach ist die Zukunft der Projektarbeit jedoch langfristig gesichert, da:

- Der Wettbewerb in Zukunft stark zunehmen wird, d.h.
  - kürzere Produktlebenszyklen führen zu neuen Entwicklungsprojekten
  - der Druck neue Produkte für immer schnellere und anspruchsvollere Märkte zu entwickeln führt zu neuen Forschungsprojekten und neuen Marketingstrategien
  - Es auf Dauer immer weniger Firmen infolge von Unternehmensfusionen gibt. Dies führt zu Rationalisierungsprojekten

Ich kann für mich persönlich sagen, dass die Arbeit im Bereich Projektarbeit mir gut gefallen hat, da dem einzelnen Mitarbeiter in Teilprojekten ein hohes Mass an Eigenverantwortung und Selbstständigkeit gegeben wird. Für meine berufliche Zukunft war dieser Schritt, aus meiner Sicht, sehr wichtig, da ich in Zukunft auch in grösseren Projekten an entscheidender Stelle mitwirken möchte.

5 Abbildungsverzeichnis

6 Abkürzungsverzeichnis

CPM   Critical Path Method

UID   Eindeutige 32-stellige Nummer jedes Dokuments unter
                                 Lotus Notes

Workflow   Aufeinander folgende Arbeitsabläufe. Z.B.

                                 Urlaubsanträge, Krankmeldungen

SB   Skriptbibliothek

MVS   PROTECH

QS   Qualitätssicherung

7 Literaturverzeichnis

Brauckmann, Otto
Integriertes Betriebsdatenmanagement
Gabler Verlag
1. Auflage März 2002

Burghardt, Manfred
Projektmanagement
Publicis Corporate Publishing, Erlangen
6. Auflage 2002

PROTECH PROJECT Dokumentation
PROTECH Consult AG
Dokumentationsdatenbank
Stand September 2002

Peter, Marc K.
Internet Projekte
Crusius Verlag
1. Auflage 1999

Schelle, Heinz
Projekte zum Erfolg führen
Deutscher Taschenbuch Verlag
3. Auflage 2001

Schwille, Jürgen Prof. Dr.
Projektmanagement
Vorlesungsunterlagen
BA Stuttgart Februar 2002

28

8 Anhang

Überblick über die Abläufe der Eingabehilfe (Teilprojekt 1), und der Schaltfläche „zugehörige Dokumente anzeigen"(Teilprojekt 2)

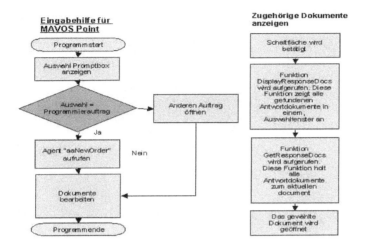

Programmablaufplan der Funktion „GetResponseDocs", die nach Betätigen der Schaltfläche „zugehörige Dokumente anzeigen" von der Funktion „displayResponseDocs" aufgerufen wird.

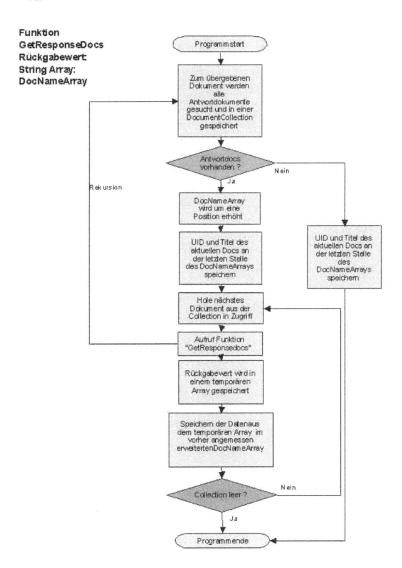

30

Programmablaufplan der Funktion „displayResponseDocs", die nach Betätigen der Schaltfläche „zugehörige Dokumente anzeigen" aufgerufen wird.

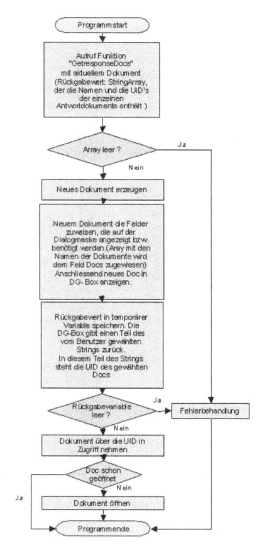

31

Die Funktion „DoNewOrder" wird nach Betätigen der Schaltfläche 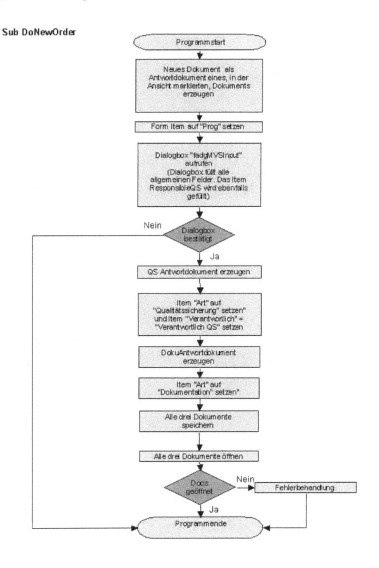 und anschliessender Auswahl der Option „Programmierauftrag" von dem Agenten „aaNewOrder"aufgerufen.

Sub DoNewOrder

Ehrenwörtliche Erklärung

"Ich erkläre ehrenwörtlich,

1. *das ich meine Studienarbeit ohne fremde Hilfe angefertigt habe;*
2. *das ich die Übernahme wörtlicher Zitate aus der Literatur, sowie die Verwendung der Gedanken anderer Autoren an den entsprechenden Stellen innerhalb der Arbeit gekennzeichnet habe;*
3. *das ich meine Studienarbeit bei keiner anderen Prüfung vorgelegt habe.*

Ich bin mir bewusst, dass eine falsche Erklärung rechtliche Folgen haben wird."

--------------------------------   -------------------------------------

(Ort, Datum)   (Unterschrift)